Il Segreto dell'Essere

Perché siamo al mondo e qual è il mistero della vita

PAOLO LARATTA

DEDICA

Questo libro è dedicato ai miei genitori
Aurora e Alfonso
che mi hanno educato a non fermarsi alle apparenze ma a perseguire la continua
ricerca della verità

CONTENUTI

PRIMA PARTE: I FATTI   **11**

1 LA PAURA DELLA MORTE   12
2 LE RELIGIONI   16
3 LA VITA ETERNA   26
4 LA MENTE E L'ISTINTO   34
5 LA VERA LUCE   42
6 IL DIALOGO INTERIORE   48
7 GLI INCONTRI   54
8 RICAPITOLIAMO   58
9 LA RILETTURA   62

SECONDA PARTE: I CONTRIBUTI   **67**

10 LA MIA IDEA   68
11 ALBERTO   82
12 ELISABETTA   86
13 DARIO   90
14 MICHELE   96
15 ALESSANDRO   104
16 CHIARA   114
17 FRANCO   120

TERZA PARTE: LA COMUNITA'   **123**

18 LA NOSTRA COMUNITA'   124

RINGRAZIAMENTI

Ringrazio per il contributo alla seconda parte di questo libro: Alberto Lazzerini mio amico fraterno, Elisabetta Mazzei e Dario Del Panta professionisti e incredibili amici che, oltre a dare il loro contributo, hanno curato la copertina del libro, Michele Picchi collega e amico di tante avventure, Alessandro Vergendo esperto della mente umana e grande amico apneista, Chiara Laratta mia figlia che si è prestata a seguire le pazzie di suo padre, Franco Giubilei mio cugino e giornalista della Stampa che ha anche verificato l'edizione di questo libro. Ringrazio Martina Lenci, la mia compagna per essermi stata vicina e avermi regalato quella serenità che mi ha permesso di scrivere queste pagine. Ringrazio chi non fa caso al fatto che in questi ringraziamenti la parola amico è sempre ripetuta ma d'altra parte non esiste un sinonimo all'altezza!!

Il Segreto dell'Essere

Quando ho realizzato quanto fosse importante provare a capire perché sono

venuto a questo mondo ho finito di sperare e iniziato a credere

PRIMA PARTE: I FATTI

1 LA PAURA DELLA MORTE

Da "appena" adulto la paura della morte ha condizionato molto la mia vita. Pensare di vivere sgomitando per avere un diploma da usare, lavorare duro tutta una vita, combattere contro le avversità quotidiane, vivere momenti difficili, godere di momenti di felicità per poi addormentarsi e sparire per sempre è qualcosa che crea di fatto molta angoscia. Una sensazione che credo tutti abbiamo provato e per superarla, il più delle volte, cerchiamo di non pensarci aiutati dal frenetico ritmo della quotidianità.

Io ad un certo punto della mia vita ho voluto guardare in faccia la morte o, mi piace molto di più, ho voluto capire il significato della vita cercando di trovare una spiegazione partendo dall'osservazione dei fatti.

Spengersi un giorno, di colpo e non riabbracciare i propri cari avendo passato tutta una vita a combattere per loro è molto strano.

Perché allora siamo stati creati e soprattutto chi ci ha creato?

"La paura della morte determina la paura di vivere"

Le persone si dividono in due: i "fatalisti" che dicono: "si vive, poi ad un certo punto ci si spenge diventando alimento per la terra" oppure i "creduloni" che pensano che comunque ci sia un significato del nostro percorso terreno e che la vita sia solo un passaggio verso l'eterno.

In verità tutte e due le categorie, i *fatalisti* e i *creduloni* hanno dubbi, anche il più fedele dei religiosi ha il "tarlo" che potrebbe essere tutto finto come il più radicale degli atei pensa o, forse, ha paura di sperare nel suo io profondo che ci possa essere una nuova vita.

Quando ero adolescente scrissi una lettera al giornale toscano *La Nazione* affermando che noi "persone viventi", di fatto, siamo all'inferno. Nasciamo, ci formiamo e poi lavoriamo per tutta una vita senza sapere cosa succederà dopo. Possiamo morire per una quantità di casi che fa paura, siamo estremamente fragili: conclusi che fossimo all'inferno.

Ma mi sbagliavo.

Se avete la voglia di leggere le pagine che seguiranno proverò a descrivere dei fatti per darvi dei punti di vista diversi tali da insinuare in voi la curiosità di provare a cercare la vostra verità.

Detta così sembra molto filosofica ma la realtà è molto più semplice:

Vorrei darvi degli spunti oggettivi per rispondere alla domanda cosa "cacchio" ci facciamo a questo mondo?

Non abbiate paura sarà un'avventura fantastica!

2 LE RELIGIONI

Mi sono sempre chiesto perché mai il bene ed il male dipendessero da dove sei nato. Una sorta di lotteria geolocalizzata. È sì perché, se fosse vera la religione Cattolica allora essere nati in Italia sarebbe una fortuna, ma se fosse vera la religione Mussulmana noi italiani saremo nei guai…

Io mi dico Cattolico per istinto perché sento che succeda qualcosa di importante quando entro in una chiesa, ma questo non mi esime dal rispondere alla domanda se la religione sia dipendente dal luogo in cui sei nato.

Questo libro, come ho detto, cerca spunti dai fatti, libero da "condizionamenti" di qualunque natura o religione con l'obiettivo di stimolare le idee di tanti ed arrivare a qualche conclusione.

È un fatto che tutte le confessioni siano dappertutto e si tramandino di generazione in generazione. Quindi la necessità di rispondere alla domanda su che cosa succederà dopo la morte è qualcosa che risale a molto tempo fa forse a quando l'uomo ha iniziato a ragionare.

"Le religioni sono come le lingue, modi diversi per esprimere la stessa verità"

Mettiamo sul tavolo anche il fatto che molte delle descrizioni che vengono fatte nei libri rappresentativi dei vari credi possano essere realmente accadute ma consideriamo anche che questi fatti si siano tramandati di generazione in generazione, tramite "cantastorie" e non originariamente tramite scritture, e per l'effetto "telefono senza fili", siano arrivate a noi un po' "romanzate" e "condite" dalle vicissitudini storiche dei vari paesi.

Lo facciamo sempre anche noi, ammettiamolo, veniamo a conoscenza di alcuni accadimenti e poi quando lo raccontiamo agli amici ci mettiamo del nostro in base alla situazione in cui ci troviamo.

Ora quello che ci serve, però, è capire perché ci siano così tante religioni.

Mi piace pensare che sia un po' come per le diverse lingue.

I francesi sono "eleganti" e hanno un modo di parlare signorile, i tedeschi sono "ruvidi" e hanno suoni più decisi, gli italiani sono "musicali", gli spagnoli "simpatici" e così via.

Quando incontri la persona che ti fa sentire felice, quando la guardi negli occhi e senti il tuo cuore che sta per scoppiare gli dici, se trovi il coraggio: *Ti amo* se sei in Italia davanti ad un piatto di spaghetti al pomodoro, *Je t'aime* se sei in Francia davanti ad un tagliere di morbidi formaggi, *Ich liebe dich* se sei in Germania gustandoti uno robusto stinco di maiale, *Te quiero* condividendo una padella di saporita paella, *I love you* se sei in USA davanti a due big burger.

Ti amo, Je t'aiem, Ich liebe dich, Te quiero, I love you sono tutti diversi modi per dire la stessa identica cosa espressa con il suono di ciascuna lingua che deriva dal carattere e dalla storia della sua popolazione.

Il francese "reciterà" *Je t'aime*, il tedesco "tuonerà" *Ich liebe dich*, l'italiano "canterà" *Ti amo*, lo spagnolo "sorriderà" con *Te quiero*, l'anglosassone "dira semplicemente" *I love you* ma la cosa straordinaria è che il sentimento che spinge a pronunciare quella frase sarà indipendente dal territorio e sprigionerà, se sincero, dal cuore.

Le emozioni hanno una sola lingua sono le loro traduzioni ad essere diverse.

I sentimenti, gli istinti, le emozioni, i bisogni che ci spingono a parlare sono gli stessi quello che cambia sono le parole, gli accenti.

È un fatto che tutte le confessioni facciano vedere una strada che va al di là del cammino terreno ma poi, come per le diverse lingue, è normale che ognuna di esse esprima il concetto in base alla cultura e alla storia propri di ciascun paese.

Quello che voglio dire è che tutte le religioni sono "giuste" e sono il combinato disposto di professione di fede e di usi e costumi del luogo in cui sono nate.

Queste diversità sono la prova che esistano culture diverse, direi affascinanti nel loro essere uniche, ma questo non vuol dire che le religioni non siano tutte vere.

Le fedi di tutto il mondo dicono che ci sia vita dopo la morte: è un fatto, non è una prova ma è un bell'indizio.

Io credo che ognuno di noi faccia bene ad entrare nel proprio luogo di culto e sentire il calore che lo circonda e penso che quel calore sia uguale in tutti i luoghi di culto del mondo.

Se entriamo in un tempio di qualsiasi credo anche senza professare quella fede, sentiremo una sensazione speciale, il calore dell'amore. Provate se non lo avete ancora fatto.

Capite bene che le guerre di religione non possono avere senso è come se combattessimo per imporre la parola *Ti amo* al posto di *I love you.*

Tutte le varie fedi cercano di rispondere alla domanda: "Dove vado dopo la morte?" che è in sostanza lo scopo di questo libro e tutte raccontano dell'immortalità degli animi ed il ritorno ad un'origine divina.

L'aldilà per vari credi è il paradiso e per contrasto l'inferno oppure è una reincarnazione in un corpo nuovo o è il confluire nell'eterna unità divina.

Un altro elemento comune alle varie religioni è che la ragione della nascita nel mondo materiale sia la preparazione dell'anima verso i mondi immateriali e che il modo in cui ci comportiamo nella vita terrena determini il nostro cammino immateriale.

Le religioni spiegano da un lato il significato della vita terrena e dall'altro spingono i popoli a determinati comportamenti sociali che derivano dalle culture e dalle esigenze dei vari paesi. I vari credi, infatti, hanno avuto nel tempo un ruolo fondamentale nel regolare la vita sociale, l'ingerenza delle religioni nel governo dei vari paesi non è solo storia ma è anche attualità.

Teniamo come elementi da approfondire, il concetto di eternità, quello di comportarsi in una certa maniera per aspirare ad un aldilà felice e quello di reincarnazione o paradiso come possibile formula di continuazione della vita.

Non sono un teologo e rimando a voi una ricerca dettagliata delle declinazioni delle varie religioni, di seguito voglio fissare solo qualche concetto che ci servirà nel nostro cammino.

Tutte le confessioni del mondo condividono un principio unico e comune: l'immortalità degli animi ed il ritorno ad una dimensione divina da cui vi è origine.

Secondo le religioni monoteiste, Cristianesimo, Islam ed Ebraismo, la resurrezione del corpo fisico avrà luogo nel giorno del Giudizio Universale e dipenderà da come ci siamo comportati durante il cammino terreno. Una sorta di esame terreno per arrivare ad alimentare un'energia celeste.

Per l'Ebraismo ed il Cristianesimo, l'anima del defunto raggiunge tutte le altre anime che riposano nel regno delle tenebre e i giusti andranno nell'Eden mentre i malvagi all'inferno.

Nella religione Islamica quando una persona muore, la sua anima viene interrogata da due angeli, che le chiedono di recitare la professione di fede ma se non si è in grado di farlo saremo dannati alla stessa stregua di coloro che non credono in un unico Dio. Credo che recitare la professione di fede, in questo caso, non sia da leggersi in senso letterale ma sia l'espressione della consapevolezza della propria fede interiore.

Molti sono i credi del ceppo induista che parlano di reincarnazioni in corpi animali o vegetali, attraverso le quali si arriva a migliorare la propria spiritualità potendo entrare a far parte dell'energia della natura.

Per le religioni tradizionali cinesi o per quelle tradizionali africane c'è una convivenza tra i vivi ed i morti che non abbandonano i propri cari.

Mi scuso a priori con tutti se ho detto delle imperfezioni, ripeto non sono un teologo, l'intento di questa carrellata è quello di far percepire come le varie fedi professino una vita dopo la morte con interpretazioni e visioni diverse da popolo a popolo.

La religione del proprio paese è un patrimonio per ognuno di noi:

I catechismi, la celebrazione delle festività, le processioni o il solo entrare nel nostro tempio ci riempiono il cuore e ci avvicinano alla verità.

Usiamo questo patrimonio con passione ma non ne facciamo un campanilismo perché tutte le religioni sono belle e soprattutto vere.

È anche vero che, ciascuna di esse ha anche delle regole e suggerisce alcuni comportamenti dettati da esigenze di organizzazione sociale che, in verità, nulla hanno a che vedere con l'essenza stessa della religione.

Mi domando, per esempio, perché i preti cattolici non si possano sposare, vi sfido a trovare nel Vangelo una indicazione in questo senso ma fa parte del delicato rapporto tra il vivere terreno e il comunicare in senso spirituale.

La sostanza, secondo me, di ogni religione è assolutamente vera.

25

3 LA VITA ETERNA

TRECCANI Eterno

Etèrno (ant.ettèrno) agg. e s. m. [dal lat. aeternus, da aeviternus, der. Di aevum «evo»; cfr. età]. −1 agg. Che si estende infinitamente nel tempo, che non ha principio né fine, detto spec. di Dio e dei suoi attributi o di quanto da Lui procede: Dio è e.; il Padre e., l'e. amore, la giustizia e., l'e. consiglio; O luce etterna che sola in te sidi, Sola t'intendi (Dante)...............

Questa è la prima definizione del vocabolario Treccani, qualcosa che c'è sempre stato quindi non nasce e non muore.

Noi uomini siamo fatti di una materia che, subito dopo la nascita si evolve, cresce e poi ad un certo punto inizia a "involvere", in pratica, sin da subito si inizia ad invecchiare fino a sparire per diventare "rifiuti organici".

Non solo noi "viventi" ma tutto quello che vediamo nasce e muore, anche il materiale più resistente, nel tempo si deteriora. Viviamo in un ambiente sottoposto ad agenti chimici che nel tempo usurano tutte le cose.

27

"Se l'infinito non esiste dobbiamo fare i conti con lo spiegare il concetto del nulla"

Nascendo in un contesto simile è molto difficile pensare ad un concetto di vita eterna, parliamoci chiaro, non possiamo essere obiettivi perché siamo in una "bolla" di cose che iniziano e finiscono.

Era come quando si pensava che la terra fosse piatta, e perché no? Tutto quello che vedevamo era piatto, perché la terra avrebbe dovuto essere sferica?

Sono dovuti arrivare scienza e tecnologia per farci "vedere" la terra sferica.

È stato solo un input esterno a farci cambiare idea perché il nostro punto di vista era "piatto".

Fino a che siamo dentro un contesto che ci fa vedere le cose in una certa maniera, saremo propensi a credere solo in quella stessa direzione.

Noi però, qui, proveremo a trovare degli agganci obiettivi per cercare di uscire dalla logica del "tutto finisce" e spiegare l'eterno.

Troveremo degli input esterni, come per la questione della terra sferica.

Si può collegare il concetto di eterno a quello di infinito: qualcosa che non inizia né finisce, che non è mai nata ma c'è sempre stata.

Difficile per noi che viviamo in un contesto in cui vediamo tutto nascere e morire spiegare questa cosa.

Il concetto di infinito nella matematica è cosa normale: qualsiasi numero è divisibile in maniera infinita per due senza mai arrivare allo 0 così come possiamo moltiplicare all'infinito un numero per 2 senza trovare un limite. Ci passa molto prima la voglia di farlo!

Ma se portiamo questo concetto in pratica diventa molto difficile. Se dividiamo un oggetto in parti sempre più piccole saremo in difficoltà perché non abbiamo gli strumenti per farlo all'infinito. Gli uomini studiano una vita per scoprire la particella più piccola, prima era l'atomo, poi il quark domani chissà.

E così anche per le cose più grandi, c'è sempre un qualcosa che la mega strumentazione riesca a vedere o percepire in un universo sempre più grande ma non si riesce a vedere tutto.

Quindi in teoria l'infinito esiste in pratica l'uomo fa difficoltà a replicarlo in maniera scientifica per un limite tecnologico.

Si parla di Big Bang che ha dato origine a tutto, ma prima del Big bang cosa c'era?

Vedete se ipotizziamo che prima dell'Universo non ci fosse stato nulla dovremo definire il concetto di nulla così come se ipotizziamo che ad un certo punto l'Universo finisca dovremo di nuovo definire il concetto di nulla.

Parmenide diceva:

Fuori dell'Essere non può esistere nulla, perché il non-essere, secondo logica, non è, per sua stessa definizione.

Per sua definizione, infatti, il nulla non può esistere. Immaginatevi un viaggio fantastico in cui noi ed un gruppo di amici fedeli, come in un film di fantascienza, con una navetta ipersonica arrivassimo ai confini dell'universo. Che cosa troveremo se facessimo un altro passo?

Qualsiasi cosa vedessimo sarebbe ancora universo, dovremo incontrare il nulla, ma pensateci bene è più facile spiegare qualcosa che non finisca mai o il nulla?

È difficile pensare che quello che ci circonda sia infinito perché viviamo in un contesto in cui tutto nasce e tutto muore, ma la logica che definisce il nulla impossibile ci fa concludere che l'infinito esista.

Scommettereste sul fatto che all'interno del quark non ci sia nulla?

Se qualcuno vuole scommettere io sto dalla parte che qualcosa esista!

Quindi l'infinito esiste e l'Universo come lo vediamo o l'evoluzione di esso c'è sempre stato, in caso contrario dovremo definire il concetto di nulla che per definizione non esiste.

Non sto parlano di religioni o di credenze ma sto parlano di fatti dicendo che l'eterno e l'infinito esistano.

Dalla sola osservazione dei fatti si può dedurre che ci sia un meccanismo fatto di nascita e di morte ma anche una dimensione eterna e infinita.

Nulla si crea, nulla si distrugge, tutto si trasforma (legge di Lavoisier)

Tireremo in ballo Lavoisier un po' di volte, ma è l'essenza dell'essere.

Abbiamo osservato e dedotto che l'eterno e l'infinito esistano e che tutta la materia sia in trasformazione. Un applauso a Lavoisier!!

Le religioni in fondo parlano esattamente di questo: un qualcosa di eterno ed un qualcosa che nasce e che muore, addirittura qualche credo parla di reincarnazione e quindi di trasformazione materiale.

Molte persone non amano affrontare il concetto di eterno-infinito perché è troppo difficile rispetto a quello che tutti i giorni vediamo è preferibile non affrontare l'argomento con il dire: "non ho tempo per pensare".

Le api operaie vivono un mese lavorando come delle dannate, loro non possono minimamente immaginare che esista lo squalo della Groenlandia che vive 400 anni, cioè 4.800 volte più dell'ape operaia!

Da poco tempo si è scoperto che una medusa, la *Turritopsis nutricula* è considerata immortale visto che ha un'altissima capacità di rigenerazione. Dopo aver raggiunto lo stadio di medusa, infatti, ritorna allo stadio iniziale di simil polipo e questo ciclo avviene all'infinito. Per tale motivo sono considerate immortali: "l'eterno che si muove trasformandosi".

Detto questo ad ognuno di noi poco importa della *Turritopsis nutricula,* la medusa in questione, a noi interessa del nostro destino di cosa succede a noi quando moriremo.

Ognuno di noi deve provare a dare la propria risposta. Non si potrà conoscere la verità fino in fondo ma nelle nostre elucubrazioni iniziamo ad aggiungere il concetto di eterno-infinito e il fatto che le religioni possano raccontare dei "pezzetti" di verità.

C'è ancora un'altra complicazione: ognuno di noi ha un cervello per ragionare ed un "istinto" per sentire e, molto spesso, non sono sulla stessa lunghezza d'onda, ma questo lo vedremo nel prossimo capitolo.

4 LA MENTE E L'ISTINTO

L'istinto è la nostra risorsa più preziosa: al contrario, la mente spesso è fuorviante e ci induce all'errore.

È stato fatto uno studio che aveva come oggetto la degustazione di marmellate. I ricercatori hanno reclutato due gruppi di persone: il primo fatto di assaggiatori professionisti il secondo preso a caso.

Si è passati alla fase dell'assaggio vasetto dopo vasetto ed il risultato è stato un ex aequo. In pratica il gruppo degli esperti ha introdotto tecniche studiate razionalmente mentre gli "amatori" si son lasciati andare all'istinto.

Il mio hobby principale è l'apnea, la pratico da molto tempo e sono diventato istruttore della scuola di Apnea Academy di Umberto Pelizzari.

Tutti noi nasciamo con un istinto chiamato *riflesso di immersione* che deriva dallo stare nove mesi immersi in un liquido in periodo prenatale.

"La mente ragiona con l'esperienza l'istinto sente l'essere "

Il *riflesso d'immersione* ci permette di ottimizzare le risorse energetiche, resistendo in apnea, sott'acqua, più a lungo di quanto non saremo capaci di farlo a secco, sulla terra ferma. In pratica l'acqua a contatto con il viso per stimolazione termica di alcuni recettori attiva un "settaggio" diverso del nostro corpo che ci permette di adattarci all'apnea e alla profondità: c'è una diminuzione della frequenza cardiaca che ci consente di ridurre il consumo di ossigeno e induce il rilassamento oppure c'è lo spostamento del sangue che in qualche maniera prende il posto dell'aria e ci consente di vincere la pressione in profondità.

Ma cosa c'entra tutto questo con l'istinto e la mente?

Se non siete pratici di apnea quando vi immergerete dopo pochi metri sentirete la necessità di riemergere perché la vostra mente dà impulsi di "fastidio" al vostro corpo, in pratica vi dice chiaramente che state facendo qualcosa di anormale e dovete smettere.

Ma allora tutta questa teoria sul riflesso d'immersione dove è andata a finire?

In realtà c'è ma non lo sappiamo, infatti, la mente ragiona per esperienze: noi respiriamo sempre e quando di colpo smettiamo di farlo lei sente che qualcosa non va e mette il corpo in protezione dando impulsi chiari per riemergere.

Il problema è che non avendo un'esperienza da "trattenitori di fiato" non possiamo controbattere razionalmente. Ma, aria ne abbiamo a volontà solo che non lo sappiamo.

Noi istruttori di apnea non insegniamo a trattenere il fiato ma ad ascoltare il nostro istinto per sentire che possiamo stare più a lungo in acqua senza respirare provando sensazioni stupende e riappropriandoci del nostro riflesso di immersione. Così facendo sposteremo un po' più avanti la nostra esperienza frenando gli "allarmi" della mente.

Non mi fraintendete, la mente va ascoltata, ci dà informazioni importanti per la nostra vita terrena ma quello che dobbiamo fare è imparare a far entrare nel gioco anche il nostro istinto.

Cambiando completamente scenario quante volte ci è capitato di entrare in un negozio ed essere attratti di impulso da un prodotto ma poi, ahimè, subentrano tutta una serie di valutazioni razionali (prezzo, opportunità, ecc.) e, se ci va bene, torneremo sul prodotto della nostra prima scelta se no ne acquisteremo un altro pentendocene amaramente a posteriori.

Quindi, la mente elabora concetti già sperimentati, ci dà la miglior soluzione stante le cose che conosciamo. L'istinto è in qualche modo la sapienza del corpo e se lo ascoltiamo ci mette a disposizione un bagaglio di conoscenze che vada al di là della nostra vita terrena offrendoci esperienze generazionali proprie dell'uomo (vedi il riflesso di immersione): una sorta di DNA emozionale.

Il linguaggio della mente è la parola ed il ragionamento quello dell'istinto sono le emozioni.

Tramite le nostre sensazioni positive o negative potremo percorrere la strada che ci porterà alla scoperta del mistero della vita.

L'arma dell'uomo a differenza degli animali è sempre stata la ragione. La tigre vanta la sua velocità ed il suo potente morso, il rinoceronte la sua prestanza, l'aquila la facilità di volo e così via.

L'uomo di base non ha mai avuto nulla di organico per cacciare, un morso, la corsa, gli artigli, le ali…

Pensateci bene, l'unica arma rispetto agli altri esseri è stata la ragione che gli ha permesso di inventare armi per difendersi, case per scaldarsi, mezzi per spostarsi.

Il problema nel tempo è stato il fatto che la mente ha preso possesso del corpo e da strumento per cacciare è diventata lo strumento principe per condizionare le nostre scelte di vita.

Così facendo, però, nel tempo si è completamente spezzato il legame tra uomo e natura, forse l'uomo è l'unica specie a preoccuparsi del futuro, della morte quando alle altre specie basta ascoltare ed ascoltarsi.

E nonostante questo ci sentiamo i migliori!

Un po' come l'evoluzione delle specie secondo la teoria di Darwin: quando una cosa non si usa tende di generazione in generazione a sparire mentre quello che si usa molto si evolve e noi negli ultimi secoli siamo stati molto "razionalità", abbiamo con le nostre invenzioni e costruzioni ribaltato il mondo mentre l'istinto si è via via "atrofizzato".

Forse è arrivato il momento di essere un po' di più "istinto" e di ricollegarci alla natura proprio come tutti gli esseri viventi.

Sono sempre stato convinto che un animale parta la mattina sapendo che può essere ucciso ma non se ne preoccupi più di tanto perché sa anzi perché sente che la sua vita si evolverà.

Certo il momento in cui l'animale viene abbattuto è doloroso e lui ha certamente paura del dolore ma è rassicurato dal fatto che poi si evolverà in qualcosa di migliore. Un morso vale un secondo di dolore se si ha fede nell'eterno. Un po' quando si entra in acqua, il primo momento è "gelido" ma poi viene la fase del vero piacere.

Noi dobbiamo riuscire a concepire la mente quale strumento per sopravvivere e a pensare all'istinto come mezzo che ci possa far riappropriare del legame che abbiamo con l'essere. La vita non può diventare il fine e il nostro vivere non deve essere un accanimento terapeutico finalizzato solo alla sopravvivenza.

Nella ricerca del mistero della vita è importante dar spazio al nostro istinto, la mente ci darà come moneta di scambio solo cose già viste e non ci farà crescere.

Quando vediamo un tramonto sul mare, un bel panorama in montagna, quando entriamo in un luogo di culto, qualsiasi esso sia o quando mangiamo una pizza con amici veri dovremo fissare queste sensazioni, dar fiducia alle nostre emozioni ed è lì che inizieremo a metterci in ascolto di domande importanti.

Il due + due fa quattro ci porterà a concludere in maniera razionale che si vive e si muore, ma non a comprendere perché si vive e cosa ci succede quando apparentemente ci spengiamo.

5 LA VERA LUCE

Vi siete mai chiesti come mai si ha paura del buio?

Una risposta abbastanza scontata è: si ha paura del buio perché non vediamo nulla.

Immaginiamo di essere in un posto che conosciamo poco e, di colpo, vada via la luce: scatta la paura, perché?

Perché la nostra mente non può elaborare le informazioni come faceva prima che saltasse la luce e di conseguenza fa scattare un campanello di allarme.

Un attimo dopo il buio si innescheranno alcuni meccanismi di difesa: le nostre pupille si dilateranno come quando si apre il diaframma della macchina fotografica e inizieremo a vedere qualcosa che prima non vedevamo, si attiverà l'olfatto per capire se il buio possa essere dovuto a qualche corto circuito, inizieremo a tastare quello che ci circonda per aiutare la memoria a ricostruire il nostro spazio circostante. In sostanza quando manca il supporto di un senso, in questo caso la vista, mettiamo in campo gli altri sensi per dare alla nostra centralina di comando le informazioni mancanti.

43

"C'è una luce nel buio che illumina il nostro io"

Buio, però, vuol dire anche riposo, pensiamo a quando andiamo a letto stanchi: vogliamo l'oscurità, quasi volessimo mettere in OFF tutto quello che durante il giorno ci ha stancato e magari stressato.

Nelle pratiche di meditazione e rilassamento si usa stare ad occhi chiusi perché, quando ci si vuole guardare dentro si deve staccare la RAM della mente ed inserire il circuito dell'istinto. Quasi come spengere la luce esterna e accendere quella interna.

Il buio in questo caso non fa paura perché è accompagnato da una illuminazione interiore: quella delle emozioni.

Mi è capitato di fare molte attività subacquee in particolare sono sceso con le bombole nel meraviglioso Mar Rosso con gli occhi sgranati per catturare ogni minimo movimento di tartarughe, squali e barracuda e sono sceso in apnea completamente ad occhi chiusi per cercare di catturare ogni minima sensazione del mio corpo che cercava di diventare una cosa sola con il mare.

Nel primo caso l'obiettivo era attivare la mente nel secondo caso sentire il proprio istinto.

Ci sarebbe da domandarsi a questo punto dove sia la luce se dentro o se fuori da noi.

La risposta a questa domanda va cercata pensando che esistano due diversi tipi di luce: una è l'illuminazione solare o artificiale che ci consente di elaborare le informazioni che ci servono per potersi orientare nel contesto terreno e l'altra è il calore delle emozioni che proviene da dentro di noi e che ci dà la consapevolezza di quello che siamo e di quello che potenzialmente potremmo essere.

Dove nasce allora la paura del buio?

Semplicemente dal corto circuito mente-istinto.

Se sono in fase "terrena, razionale" la luce mi serve per vedere ed azionare tutti gli strumenti vitali mentre se sono in fase meditativa, di fatto, spengo la luce esterna e accendo quella interna.

Il cortocircuito per cui il nostro sistema vitale manda un segnale di allarme è quando sono spente tutte e due le luci: per cui non sto vedendo fuori e non sto vedendo dentro come nell'esempio iniziale in cui in un contesto razionale di vita "attiva" vada via la luce: in pratica ho spento la luce delle attività razionali senza accedere quella interiore.

Quello che si insegna nei corsi di sicurezza, in situazioni di agitazione per non farsi prendere dal panico è di chiudere gli occhi, anche se si è al buio, per permettere di accendere la luce interiore che ci permetterà di stare su noi e di ristabilire un equilibrio emozionale.

Ho preso a pretesto questo esame del buio e della luce per provare a sedimentare in noi il concetto che abbiamo due "personalità" una che ci consente di vivere o sopravvivere all'ambiente che ci circonda l'altra che ci guida interiormente in un percorso che dia un senso alla nostra vita.

Permettetemi un esempio che mette insieme un po' di concetti degli ultimi capitoli: se ci attrae una persona chiudendo gli occhi riusciremo a identificare perfettamente le cose che ci piacciono: gli occhi, il sorriso, il fisico, ecc.

Se siamo innamorati di una persona, chiudendo gli occhi e pensando a cosa veramente ci piace in lei troveremo un colore, un'emozione forse un profumo ma niente di fisicamente definito.

Quando ci si ama, infatti, si parlano prima le anime e gli istinti e poi i corpi e chi sa se questa attrazione provenga da un passato comune:

"è come se ti conoscessi da sempre"

6 IL DIALOGO INTERIORE

Tutti noi parliamo con noi stessi, e quando lo facciamo ci rendiamo conto che ci sono sempre due punti di vista e questo è un fatto.

Siamo soli… relativamente, perché abbiamo una o più voci interiori che ci fanno vedere le cose da una prospettiva diversa.

Ma di chi sono queste voci guida?

Per capire occorre ascoltarsi attentamente, se ci fate caso c'è dentro di noi una, chiamiamola, "vocina" che sa delle cose che noi non conosciamo, lei ci guida in percorsi che alle volte ci sembrano difficili e noi nel nostro io profondo sentiamo che lei ha ragione anche se il più delle volte non ci fidiamo.

Poi c'è la voce che nasce dall'esperienza, dal vissuto di tutti i giorni che inizia a sezionare il nostro primo impulso aggiungendo informazioni e creando dubbi.

È necessario sapersi ascoltare, imparare a fidarsi dei nostri istinti per capire che, se ben percepito, il nostro primo impulso ci stia indicando la via giusta.

"Il continuo dialogo tra la voce del corpo e la voce dell'anima"

È la continua partita tra la mente e l'istinto, la mente ci dà informazioni che guardano alla sfera delle esperienze lei sa cosa ci piace e cosa non ci piace, sa come fare le cose perché le abbiamo già fatte o già viste, l'istinto ci guida verso un'altra dimensione, verso un benessere immateriale che ci porta a migliorare il nostro essere interiore.

Possiamo dire che una delle voci è quella del corpo, della materia e l'altra è quella delle emozioni quella che in gergo comune si chiama anima.

Se siamo onesti con noi stessi e riflettiamo attentamente, la voce in cui ci immedesimiamo è quella della mente: quella che proviene dalle nostre esperienze viene da noi, mentre l'altra che ci guida e che ci dà una diversa prospettiva viene da qualcos'altro: è molto più rassicurante appoggiarsi a cose conosciute e già sperimentate.

Difficile è comprendere che, in ogni caso, quelle due "vocine interne" siamo sempre noi e che dobbiamo allenarci molto prima di riuscire a fidarci anche della voce del nostro istinto.

La vera fede è credere in noi, credere che quello che ci parla non sia la coscienza, ma siamo noi all'interno di un sistema vitale.

È la nostra fievole connessione con la natura che ci sussurra la strada per riappropriarci di quel legame con l'infinito che ci farebbe perdere per sempre la paura della morte facendoci entrare di diritto nl meccanismo della vita.

Ma noi, per la potenza della mente, per la forza di uno strumento nato solo per aiutarci a cacciare, ahimè non ci crediamo.

Non è certo facile ma come per tutte le cose proviamo perlomeno ad allenarci.

Ascoltiamoci! Ci sono continui segnali che ignoriamo stretti nella morsa di una razionalità che ci spinge a comportamenti già visti.

Proviamo dalle piccole cose.

Io ho una vita molto frenetica, piena di impegni. All'inizio della settimana vedendo la mia agenda ho visto che venerdì sera non avevo impegni, la mia testa ha subito suggerito di impiegare il tempo anticipandosi con qualche attività, l'altra vocina mi ha detto: "aspetta non fare nulla" e l'ho sentita forte e chiara.

L'ho ascoltata e ho passato un bellissimo venerdì solitario a casa mia in compagnia di me stesso, godendo di tante piccole cose: avevo bisogno di stare un po' con me stesso ma non lo sapevo, il mio istinto, si!

Dobbiamo imparare a dare ascolto alle emozioni ad aumentare il volume di quel sussurro fievole.

Piccole cose, dunque.

C'è una mente razionale che, come un computer di bordo, analizza tutti i dati ed elabora delle soluzioni. Noi siamo un tutt'uno con lei e come degli automi pendiamo dalle sue labbra.

Poi c'è una voce molto fievole che conosce il nostro vero rapporto con la natura che non ha per niente paura della morte che ci parla in maniera entusiasta della vita ma, ahimè, la connessione con lei è molto scarsa.

Ci sentiamo al 100% "mente", ne prendiamo le difese, e quando pensiamo all' "istinto" abbiamo paura di perderci e di essere dei creduloni.... però in qualche maniera ne siamo affascinati.

Io dico alziamo il volume dell'istinto, usiamo la mente per quello per cui è stata concepita e cioè per aiutarci a camminare nella vita terrena: lavorare, mangiare, difenderci.

Allo stesso tempo, però, prendiamo coscienza che abbiamo un DNA della vita in senso ampio che è l'istinto, ed è lui che tramite le nostre emozioni ci può guidare nel sentire il nostro legame con l'essere.

53

7 GLI INCONTRI

Qualche anno fa ho fatto un viaggio, ho percorso una parte del cammino di Santiago da Leon fino a Santiago di Compostela.

È stato un viaggio fantastico perché camminando si ha il tempo di mettere insieme pezzi della nostra vita che apparentemente sembrano disgiunti.

Passo dopo passo, tutto assume un senso logico molte cose che apparentemente sembrano casuali in realtà si incastrano magicamente nel puzzle della nostra vita.

Durante il cammino ho preso consapevolezza che le coincidenze non esistano e che qualsiasi incontro che noi facciamo abbia un preciso significato. In quel viaggio magico, ho incontrato molte persone e ho stretto tante amicizie ed ognuno di loro mi ha dato quel pezzetto di conoscenza per mettere insieme il mio puzzle.

Un po' come quando giocando ad un gioco da tavola sei in una situazione di stallo e peschi una carta che ti dà una informazione in più che ti consente di superare l'impasse.

In quel cammino ho realizzato che gli incontri non sono mai e dico mai casuali.

55

"Gli incontri non sono mai casuali c'è sempre un significato"

Dopo quel viaggio, quando vengo a contatto con qualcuno, in qualsiasi circostanza, penso che ci sia un significato e non vedo l'ora di scoprire quale carta questa persona abbia in tasca in serbo per me.

Sono partito da Leon da solo e sono arrivato a Santiago con un gruppo di tanti amici, ma c'è stato un incontro veramente molto particolare.

Io iniziavo a camminare prima degli altri, mi piaceva partire al buio e molto spesso incontravo una donna norvegese in maniera del tutto casuale perché dormivamo in posti diversi.

Nemmeno se ci fossimo messi d'accordo ci saremo incontrati così spesso. Un giorno, fiero della mia "avventura", le chiedo se e come sarebbe cambiata la sua vita dopo questo viaggio e lei con tutta la sua calma mi risponde: "non lo so".

Li ho capito il senso del viaggio, si parte, di solito, per risolvere qualcosa, per cercare dei cambiamenti nella nostra vita, ma camminando si capisce che la cosa più bella sia farsi trasportare nuotando nel mare del nostro istinto e delle nostre emozioni. In quel "non lo so" c'era tutto il senso dell'affidarsi al destino, del sentirsi parte e non "dominatori" del sistema che ci circonda.

In realtà la nostra vita è cambiata perché abbiamo scelto di fare quel viaggio e non solo per le cose del viaggio. Per fare da soli un percorso del genere bisogna saper ascoltare le proprie emozioni e, lasciatemelo dire, decidere irrazionalmente.

La consapevolezza di voler dar retta alla voce interiore, quella che proviene dal nostro istinto è l'elemento di discontinuità della nostra vita, capire che ogni incontro ci possa dare del nettare vitale e che il caso non esista non può essere elaborazione della mente.

Effettivamente scegliere di partire da solo affrontando le mie paure per cercare di crescere come persona era il viaggio, capire che la soluzione fosse lasciarsi andare al destino cercando di eliminare le barriere per farlo scorrere più agevolmente è stata la strada per la felicità.

Ho rivisto per l'ultima volta questa meravigliosa persona quando sono entrato in cattedrale a Santiago. Mentre stavo oltrepassando la grande porta della chiesa mi giro e accanto a me scopro che c'era lei a testimoniare la bellezza di un incontro e la scoperta di come insieme potessimo generare energia.

8 RICAPITOLIAMO

Tutti noi abbiamo paura di spengerci definitivamente dopo la morte, alcuni di noi si appoggiano a credi o religioni altri fatalmente danno ragione alla logica.

Tutti noi abbiamo paura anche se più o meno esplicitamente alimentiamo qualche speranza di vita eterna.

Di fatto nessuno di noi conosce la verità.

Probabilmente questa verità è in ciascun essere vivente il problema è che l'uomo ha sviluppato la sua arma di sopravvivenza: la mente, a tal punto che è stato reciso il legame con l'essenza stessa della vita.

Dobbiamo quindi ricostruire la verità immaginando delle teorie plausibili basate su alcuni fatti e sul nostro istinto di fronte ai vari stimoli.

Altra complicazione è data dal fatto che siamo circondati da cose che nascono e muoiono, per cui anche la logica dell'universo infinito non riesce a rompere la nostra fisiologica propensione verso il finito.

"Una ricerca interiore consapevole ci guida a vedere la vita con l'occhio della

nostra anima"

Resta il fatto che definire l'universo finito oppure ipotizzarne la nascita significa immaginare il nulla che proprio per la sua definizione non esiste.

Le varie religioni raccontano di una vita dopo la morte dando significati molto simili al senso dello stare in vita. Tutte le religioni sono "vere" e le diversità derivano dalle diverse culture proprio come nelle differenze tra le varie lingue che ci fanno parlare con suoni diversi ma esprimere gli stessi concetti.

Al di là dei "campanilismi" le varie confessioni esprimono concetti molto simili e sono piacevolmente diverse sia perché tramandate di generazione in generazione da vari cantastorie sia perché i caratteri dei popoli che vivono su questa terra sono diversi tra di loro.

Molte regole dei vari credi, inoltre, sono state costruite per regolamentare i comportamenti sociali.

Non rimane altro che affidarsi alle sensazioni, entrare in un luogo di culto, leggere una scrittura, sconnettere la nostra mente e lasciarsi guidare dall'istinto provando a riconnetterci con la natura.

Chiudiamo gli occhi e guardiamo la nostra luce interiore, far parlare le nostre emozioni nelle varie circostanze della vita ci consentirà di mettere insieme molti pezzi del puzzle. L'importante è fidarsi del nostro io e credere fino in fondo in noi stessi.

E quando entriamo in uno stato di impasse facciamoci aiutare dalla carta imprevisti fidandoci dei nostri incontri approfondendone il significato.

Facciamoci guidare dalla nostra voce guida e soprattutto proviamo a credere che quella voce stia cercando in tutti i modi di farci riappropriare della nostra dimensione, quella di esseri che si muovono in un'energia che, di fatto, è la benzina che alimenta il motore della vita.

9 LA RILETTURA

Ho più volte sottolineato che le religioni, tutte le religioni, abbiano messaggi veri che si trasmettono nel tempo con accenti che risentono delle varie culture e del fatto che si siano tramandate con il "passaparola".

Una volta acquisita la consapevolezza dei fatti e delle sensazioni che ho cercato di descrivere in questo libro è molto interessante rileggere le parole dei libri sacri delle religioni cercando di uscire dalla logica del tempo in cui sono state scritte per interpretarle in chiave moderna.

Faccio solo un esempio solo per cercare di spiegarmi meglio, uso la religione cattolica e in particolare il Vangelo solo per il fatto che è la religione con cui sono cresciuto e che conosco meglio, ma credetemi, vale per tutte le religioni. Un brano del Vangelo dice:

Gli presentavano anche i bambini perché li accarezzasse, ma i discepoli, vedendo ciò, li rimproveravano. Allora Gesù li fece venire avanti e disse: "Lasciate che i bambini vengano a me, non glielo impedite perché a chi è come loro appartiene il regno di Dio. In verità vi dico: Chi non accoglie il regno di Dio come un bambino, non vi entrerà".

63

"Leggere le scritture sacre con una nuova consapevolezza"

Quindi Gesù ci dice che entra nel regno di Dio solo chi riesce ad essere bambino.

Non credo stesse parlando di un discorso di età: chi è giovane si salva chi è vecchio no?

Ma che differenza c'è tra un bambino ed un adulto?

Qui non stiamo parlando di una persona specifica stiamo parlando di tutti i bambini e di tutti gli adulti.

Dice che nessun adulto si salverà? Poco probabile: a meno di morti precoci tutti i bambini diventano adulti.

Beh, ricordate il capitolo "La mente e l'istinto"?

Ebbene un bambino avendo vissuto poco tempo ha accumulato poca esperienza mentre il suo istinto è al massimo. Più si è piccoli e più l'istinto è forte rispetto alla mente. Anche da adolescenti l'amore, l'amicizia, la passione sono cose vere che da adulti vengono "rinegoziate" con il potere dell'esperienza e della ragione.

Allora cosa ci dice realmente Gesù?

Chi non accoglie il regno di Dio come un bambino, non vi entrerà.

Dice che se non affrontiamo la vita con lo spirito di un bambino lasciandosi guidare dall'istinto e dalle emozioni non riusciremo a diventare energia pura.

65

SECONDA PARTE: I CONTRIBUTI

10 LA MIA IDEA

Abbiamo fino ad ora affrontato molti temi in maniera obiettiva basandoci su fatti e non su credenze.

In questa parte del libro io cerco di mettere insieme tutti gli elementi elaborando una mia personale teoria. Questa non deve essere interpretata come la verità perché non è sostanziata da fatti ma è un esempio di una delle possibili interpretazioni.

Quella che sto per raccontarvi è quella che sento mia e, se ognuno di noi elaborerà la sua teoria basata sull'analisi interiore consapevole con la voglia di condivisione e ascolto, potremo avvicinarci tutti insieme alla verità.

L'idea dell'altro sarà linfa vitale per affinare le nostre ipotesi ed arrivare tutti insieme a guardare la vita con occhi completamente diversi.

Una sorta di comunità in cui ognuno cerca di scoprire dentro di sé la propria verità libera da congetture e la mette a disposizione degli altri.

"Esiste un energia che fa funzionare tutte le cose"

Ecco la mia!

Partiamo dalla considerazione che ci sia qualcuno o qualcosa che faccia muovere il mondo, un Dio o più Dei se consideriamo i dettami delle varie religioni.

Alcuni credi ci dicono che i morti rimangano a proteggerci altri che esista una reincarnazione altri che ci sia un giudizio finale in cui i buoni vadano in paradiso e i cattivi all'inferno.

Proviamo a vedere se queste concezioni possano essere tutte vere.

Qualche pagina fa abbiamo concluso che l'infinito esista se no avremo dovuto fare i conti con il concetto del nulla e che gli elementi che lo compongano non siano fermi ma si trasformino.

Nulla si crea, nulla si distrugge, tutto si trasforma

(legge di Lavoisier)

Notate che già nel 1700 Lavoisier capì che nulla si crea e quindi, in qualche maniera, che c'è sempre stato.

La mia teoria è che esista un'energia pura capace di far girare tutte le cose. È un'energia che c'è sempre stata e sempre ci sarà. Questa energia è composta da anime pure che dopo la vita terrena riescono a passare da persone che assorbono energia vitale a entità che la emanano. Non credo ad un tribunale del giudizio universale penso di più ad un automatismo per cui se la tua anima è pura entri in questa dimensione di amore e di felicità e contribuisca a spingere il motore della vita.

Nella fotosintesi clorofilliana non c'è un cervello che decida come fare a farla si fa e basta!

È una sorta di ecosistema in cui c'è chi produce energia e chi l'assorbe.

In sostanza, qualcuno riesce a diventare energia mentre chi non riesce in questa vita terrena riparte da qualche specie animale o vegetale fino a diventare energia: chi non è puro non va all'inferno ma riprova la sua esperienza terrena in qualsiasi forma vitale.

All'interno dell'energia pura rimangono i legami affettivi verso chi è rimasto in terra ecco la sensazione di protezione che sentiamo verso qualche caro che muore.

Stiamo, quindi, dicendo che Dio è uno se si pensa all'energia ma è anche più di uno se si pensa che sia formato da molte anime. Monoteismo e Politeismo, dunque, sono la stessa cosa.

Abbiamo il nostro giudizio universale, la reincarnazione e la vicinanza delle anime ai propri cari.

Diciamo che, se la mia teoria fosse vera sarebbero giustificate tutte le interpretazioni dei vari credi rendendo ancora più stupide le guerre di religione! E sottolineo!

Concentriamoci un attimo su quale sia il comportamento da avere per diventare energia pura, infatti, non essendoci un giudice ci dovrebbero essere dei meccanismi automatici: la fotosintesi clorofilliana!

Bisogna cambiare il punto di vista dall'uomo all'energia, cioè non è tanto l'uomo che deve chiedere di entrare in un'altra dimensione ma è l'energia che ha bisogno di benzina. Se tu sei uno "puro" allora l'energia ti assorbirà nella sua nuvola per far funzionare i pistoni della vita.

Ma quando si diventa "puri"?

Siamo puri quando siamo puliti dentro ovvero quando ci sentiamo bene con noi stessi perdonandoci veramente delle volte in cui non ci siamo piaciuti. Questo è indipendente dalle azioni anche cattive che possiamo fare nella vita.

La domanda è: Ci siamo veramente perdonati?

Voglio dire, guardandoci con i nostri occhi e non con quelli degli altri o dei social, ci piacciamo?

Questo è un reale cambio di prospettiva, l'energia ci assorbe se siamo in grado di essere puri. Ma la nostra pulizia interiore la decidiamo noi e dobbiamo essere convinti di questo. Non c'è un giudice esterno siamo noi che dobbiamo imparare a stare bene con i nostri difetti e a iniziare ad emettere energia positiva. Questo è diventare energia!

Ci sono molte variabili durante il nostro percorso terreno, pensate la differenza che c'è tra nascere in una famiglia che vi circondi d'amore dandovi tutto il necessario oppure nascere in posti malfamati magari senza sapere chi sono i vostri genitori.

È chiaro che diventare puri nei due casi ha sfaccettature molto diverse ma l'essere in pace con sé stessi è un qualcosa che prescinde dalla condizione sociale. È possibile anche che ci sia un percorso fatto di più reincarnazioni con una crescita dello stato vitale che ci porti a diventare energia pura. L'importante è riuscire a sfruttare il "DNA generazionale" imparando ad ascoltarsi e a beneficiare delle consapevolezze costruite nelle vite passate.

Attenzione che non è detto che nascere benestanti sia un bene per arrivare ad essere puliti dentro perché l'attrazione per le cose materiali può essere un limite all'ascolto delle emozioni "pure". Magari è più semplice nascere animali con una perfetta conoscenza del meccanismo vitale.

Mente ed istinto ancora una volta due aspetti importanti se direzionati ognuno secondo il proprio scopo, la mente verso le cose materiali per aiutare il nostro corpo a sopravvivere più a lungo e con una buona qualità di vita l'istinto per cercare di riscaldare il cuore e cercare di diventare energia.

Ci sono momenti della vita che cerchiamo di fermare perché la felicità è massima e sono sempre legati a persone o anche a stati d'animo e ci sono dei momenti di pseudo felicità che letteralmente "compriamo" come per esempio quando depressi facciamo shopping compulsivo: è la durata del ricordo del momento di felicità che fa la differenza.

Quindi riuscire a vivere sereni bevendo a qualsiasi fonte di amore e riuscire a perdonarsi è la ricetta per diventare energia pura.

Infatti, se ci fermiamo a meditare su noi stessi, scopriremo cose che non ci siamo mai perdonati e aspetti di noi che non ci sono mai piaciuti.

Di solito invece di ascoltarci o, magari, di ascoltare altri sull'argomento per cercare di crescere, scacciamo questi pensieri o questi incontri sostituendoli con frenetiche attività giornaliere.

In questo modo stiamo commettendo due errori, il primo è quello di non comprendere cosa stiamo sbagliando per poi riparare, il secondo e quello di far passare del tempo terreno senza fare nulla per migliorare.

Un piccolo esempio dalla tradizione Cristiana, che conosco, ma son convinto che ce ne siano di analoghi in tutte le religioni dimostra che la frenesia ed il piacere dell'apparire sono un freno alla ricerca dell'amore.

Quando Gesù va a trovare Maddalena e Maria, c'è Maddalena che si dà da fare come faremo tutti noi per fare bella figura, per apparire: certo arriva una persona molto importante a casa nostra!

Maria invece non fa nulla stando vicino a Gesù, risultando anche "fastidiosa" agli occhi di Maddalena.

Maria, infatti, si sta cibando della compagnia, della saggezza e dell'amore che sta infondendo il suo ospite. Non vuole apparire ma solo assorbire un po' della sua energia.

Gesù dice a Maddalena per calmarla:

"Maria ha scelto la parte migliore che non le sarà tolta".

Il darsi da fare affinché tutto sia a posto ed in ordine è un impulso che proviene dalla mente, dall'educazione dalla nostra cultura. Il pensare di godere dell'incontro senza troppo preoccuparsi delle cose materiali è pura energia.

È bellissimo pensare che esista un Dio fatto di energia presa da persone che ci amano che hanno creato con noi un rapporto terreno.

Quando guardiamo in cielo sentiamo forte, se sappiamo ascoltare, l'amore puro dei nostri cari che non ci sono più e delle persone che in vita hanno lavorato per cercare di essere migliori.

Un altro automatismo che mi piace immaginare è un percorso inverso: quello creato da un pezzetto di energia che si stacchi dalla nuvola e diventi uomo per cercare di portare più persone possibili allo stato di energia. Ci sono persone citate dalle varie religioni che si sono prodigate in terra per promuovere la legge dell'amore: Maometto, il Dalai Lama, Gesù, e tanti altri ma anche al di là delle religioni: Gandi, Mandela, Madre Teresa di Calcutta per non parlare di Enrico Fermi, Leonardo da Vinci o Einstein che con la sua "teoria della Relatività" ha provato scientificamente a dare una spiegazione alla dimensione spazio-temporale.

Tutte persone obiettivamente troppo superiori per non pensare che non siano state bagnate dalla pozione magica dell'energia.

È il ritorno ad energia pura che molte volte è complicato, persino Gesù in punto di morte dice al Padre "perché mi hai abbandonato?" anche lui, pur sapendo tutto, nella dimensione terrena è stato "attaccato" dal potere della mente e, quindi, dalla paura.

Il percorso è obiettivamente difficile ma prendiamo coscienza che la missione non sia impossibile se abbiamo la consapevolezza di essere noi stessi.

C'è un ultimo aspetto che, se mal interpretato rischia di provocarci un po' di angoscia.

Qualcuno di voi potrebbe dirmi con cognizione di causa che una volta spenta la mente si spengono anche tutti i ricordi delle persone care e quindi diventa difficile trasportare dei legami nell'aldilà.

Questo sarebbe vero se i legami fossero basati unicamente sui ricordi. Durante la nostra esperienza terrena incontriamo persone e con esse stabiliamo dei legami affettivi basati su sensazioni ed emozioni.

Ogni persona che incontriamo ha un sapore, un colore e, al di là della vista, la campioniamo anche in un contesto emozionale.

Questi affetti non sono solo legati mentalmente a dei ricordi ma istintivamente a delle emozioni che sono state generate dall'aver vissuto insieme un determinato percorso.

Molte volte ci proiettiamo verso qualcuno solo per istinto e la sensazione è:

"come se ci conoscessimo da sempre".

I nostri cari che hanno raggiunto lo stato di purezza ci alimenteranno di amore se solo saremo capaci di ascoltali.

Se faremo parte dell'energia una volta lasciata la vita terrena ci riconosceremo e ci incontreremo per la temperatura dei sentimenti che ci hanno accomunato nel cammino sulla terra e non per i ricordi che sono racchiusi all'interno del nostro cervello. Sarà un amore non esclusivo ma aperto e condiviso con tutti gli altri. Il concetto di proprietà e di esclusività dell'amore è molto terreno e mal si adatta ad un'energia fatta unicamente di amore.

Quella che vi ho condiviso in questo capitolo è solo un'ipotesi che si basa sui fatti che ho descritto precedentemente, sul tentativo di prendere delle verità da tutte le religioni e, soprattutto, dall'ascoltare il mio istinto.

Ho avuto questa visione una notte in cui sonno e dormi veglia si davano il cambio e li ho chiaramente sentito nascere dentro di me questa consapevolezza.

Vorrei che questo libro diventasse un generatore di *ipotesi ispirate* da condividere.

Sono convinto che partendo da basi certe e facendo una meditazione sincera, aperta e dettata dal nostro istinto si possa tutti insieme avvicinarsi alla verità.

La condivisione di idee che partano da culture diverse, da varie religioni e che si elevino nel cercare domande e risposte basate sul nostro istinto sempre aperto a nuove interpretazioni, possono diventare preziosi elementi del puzzle del mistero della vita.

Meditazione e dialogo aperto guardando a culture o a mondi diversi dai nostri sono il cibo che ci può aiutare ad avvicinarsi all'eterno e ad annullare definitivamente la paura del trapasso verso l'immateriale.

11 ALBERTO
Il fratello Comunista

Buongiorno

In linea generale ti dico che cercare "la verità" non è altro che una disobbedienza alla natura che ci lascia da sempre con il dubbio se la vita sia "solo ciò che vediamo" oppure prosegua in qualsiasi altra forma e ci dia più tranquillità ma disobbediamo ogni secondo ad ogni logica: disobbediamo alla terra inquinandola perché non sappiamo più tornare indietro ai tempi dei cavalli e le lettere su carta da spedire, disobbediamo a noi stessi facendo spesso il contrario di ciò che ci fa bene o di quello che ci eravamo prefissati, disobbediamo in continuazione a tante cose perché siamo esseri umani e quindi una razza animale che ha questa tendenza.

Domandarsi della vita dopo la morte è un atto esplicitamente religioso anche se lo fanno anche gli atei e gli agnostici ed è normale perché siamo deboli e insicuri difronte alla possibilità che l'unica forma di verità sia il grande Click ... spenta la luce... finito tutto.

"La natura umana è disobbediente"

Ma rimane una cosa che non si considera: gli altri. Chi rimane si ricorda, dice, racconta di quella volta che...di come eravamo fatti, di cosa abbiamo lasciato, insomma ci tiene vivi anche dopo la lapide.

Questo caro fratello è quello che mi sento di dire... oggi...poi magari domani non è più così ci ripenso e vedo tutto da un'altra angolazione...ma cosa vuoi? Cerco solo di non mentire né a me stesso né a te

Buona settimana

Era solo il primo che ho in testa appena svegliato poi ne arriveranno altri da quando ho letto mi sono spesso fatto domande ed altre arriveranno, sai com'è: si passa tutta la vita a dirci che non può essere tutto qui... la Speranza guida i nostri passi e se una nostra speranza non pesta i piedi a nessuno non può essere soppressa deliberatamente, ci tiene compagnia e ci può rendere sia sereni che incazzati o disillusi ... l'importante è averne qualcuna...di speranza.

Alberto

12 ELISABETTA
Farfalla che voli nel mare dell'amore

Ciao Paolo, ho riletto appena queste mie parole e te le mando: se mi metto a correggere non finisco più, invece vorrei che fossero queste, quelle che ho scritto di getto.

Ho sempre pensato che l'istinto fosse il fil rouge che guidava la mia vita. L'istinto mi ha aiutato tante volte nelle scelte, nelle decisioni. A volte ho pensato di aver sbagliato, ma raramente mi sono pentita, ho lasciato che fosse quella vocina a guidarmi. E ho agito sempre con amore, quella forza sconosciuta che muove il mondo. Perché sì, io credo che l'amore, sia energia, sia calore, sia forza. Sia quella vocina che abbiamo dentro. Per qualcuno può essere Gesù, oppure Allah, o Buddha ma è energia che ci guida, ci fa vivere, ci fa sognare, sorridere, piangere e morire. E quando moriamo, quell'energia si trasforma, ed entra nell'anima di chi ci ha amato, di chi abbiamo avuto vicino, di chi abbiamo amato.

"L'amore ritorna in circolo e vola nel vento e nel mare"

E questo amore torna in circolo, non finisce più: vola, nel vento, sul mare, attraversa le persone che lasciano aperta la propria porta, le persone che si lasciano emozionare che lasciano che l'istinto le guidi attraverso questa vita, così bella, semplice e, allo stesso tempo, complicata.

Elisabetta

13 DARIO
Conoscersi a 60 anni

Ciao Paolo,

era naturale che avessi bisogno dopo aver letto i tuoi pensieri, di scriverti i miei, quello che mi si è mosso dentro.

Vediamo se senza seguire una scaletta riesco a dargli una forma.

Parto da una mia certezza, non è la casualità che governa l'universo quindi neanche la nostra vita, ma tutto accade con un fine preciso, non so se già scritto, ma con una puntualità disarmante.

Le persone che incontri, i luoghi che visiti, le parole che ascolti quello che leggi, sono lì che ti aspettano senza fretta, e senza fretta formano quello che sarà lo scheletro della tua vita. L'averti incontrato è stato l'inizio di una grande amicizia, non cercata ma trovata, un dono come dico sempre io, che oggi mi porta a raccontare agli altri il mio percorso, e a capire quanto sono cresciuto in pochi anni.

Sì, perché ho 65 anni ma sono Dario dai 60.

Tutto inizia quando nasce Paolo il mio nipotino, con lui nasceva l'esigenza dentro di me di conoscere chi ero veramente che uomo avrebbe visto, non con i suoi occhi, ma con la sua anima pura di bambino.

"Ho 65 anni ma sono Dario da 60"

Di quello avevo paura, perché io per primo non sapevo chi fossi o, meglio, non mi ero mai fermato a cercare di capirlo.

Testa bassa e pedalare, come i miei genitori mi hanno dato l'esempio, se hai delle responsabilità non hai tempo per te.

Invece volevo affrontare quello che più di ogni cosa al mondo fa paura, la verità di chi siamo, non agli occhi degli altri ma ai nostri.

È stato un bel massacro ve lo assicuro, il più lungo e duro combattimento della mia vita, e di combattimenti fisici in trent'anni di Karatè agonistico ne ho fatti tanti, ma Dario è stato il più duro avversario da affrontare.

Sono sempre lo stesso sia chiaro, ma con un'altra coscienza, che mi porta a dire oggi, che la cosa che amo di più è LA MIA VITA.

Ho detto oggi, perché prima ho dovuto affrontare la paura della morte, volevo ignorarne l'esistenza, c'era, ma per gli altri.

Poi, dopo la morte dei miei genitori, la paura della morte mi ha catturato e non mi ha più mollato, non so quante volte sono morto, ogni giorno terrorizzato anche dal più stupido dei raffreddori.

Come ne sono guarito?

Con l'amore di chi mi sta vicino, con la loro serenità, con l'amare me stesso più di ogni altra cosa.

Questo mi ha portato non solo a sapere che la nostra vita ha una fine, ma che quella fine non farà così paura.

Penso che, se ognuno di noi è felice della propria vita, di quello che ha costruito, dell'amore che è riuscito a prendere e a dare, perché deve essere così geloso ed egoista da non riuscire ad abbandonare la vita terrena, sapendo che lascerà una grande eredità di sé stesso, e che la sua energia non potrà morire?

Penso che tutto faccia parte di quella che all'inizio ho detto non essere casualità, ed anche la morte non lo è.

Mi rasserena pensare che ognuno di noi abbia un compito, e che, senza farsi condizionare dal mondo ingordo che lo circonda riesca a portarlo avanti senza condizionamenti, puro, così il tempo non avrà più una misura ma avrà solo intensità.

Questo compito io lo vedo nell'amare, nell'ascoltare, nel partecipare nel condividere: queste semplici cose sono oggi la mia serenità.

Paolo ho cercato di raccontarti quello che la tua lettura ha procurato alla mia persona.

Valuta te cosa mettere di quello che ti ho scritto nel tuo libro.

Per me era importante raccontartelo perché so che tu sei uno che ascolta, dote rara.

Ti voglio bene come spesso ci diciamo, grazie per la bella persona che sei.

Dario

Ti voglio bene come spesso ci diciamo, grazie per la bella persona

che sei.

Dario

14 MICHELE
Passione per la meccanica

Ciao Paolo,

Innanzitutto, grazie per avermi dato la possibilità di leggere il tuo libro. L'ho trovato molto interessante e l'ho letto tutto d'un fiato!

Poi ho scritto subito alcune riflessioni ma non ero soddisfatto perché non avevo espresso bene il senso di quello che realmente pensavo e mi ero lasciato condizionare molto dalle tue idee. Nel file che ti invio ora ho cercato di riassumere il mio pensiero, molto laico, ma che, da un po' di anni ha caratterizzato il mio approccio quotidiano alla vita.

Come sai ho deciso che, quando sarò in pensione andrò da solo a fare il cammino di Santiago. Non so ancora esattamente perché lo farò, ma ne sono fortemente attratto e sono impaziente di vedere cosa possa succedere durante e dopo una profonda riflessione libera da altri pensieri. Infatti, è per questo che lo farò quando sarò in pensione, altrimenti gli impegni di lavoro non mi permetterebbero di essere focalizzato bene solo su questa esperienza.

Spero che quanto ti invio sia di tuo interesse.

97

"Vivere con la consapevolezza che tutta l'energia ricevuta durante la vita sia stata spesa bene e sia stata trasformata in una evoluzione positiva di cose e pensieri"

La mia idea è che facciamo parte dell'universo e, per quanto così infinitamente piccoli, rispetto allo spazio, e alla materia di cui questo è composto, siamo soggetti alle stesse leggi che lo tengono in vita.

L'energia presente nell'universo e le forze gravitazionali che ogni corpo esercita sull'altro, danno luogo ad un sistema in costante movimento e trasformazione che resta in equilibrio e si rinnova attraverso i cicli evolutivi più o meno lunghi di tutto ciò che ci circonda. Come tutte le stelle, anche il Sole che ci tiene in vita, quando terminerà il suo ciclo evolutivo (tra circa 5 miliardi di anni) è destinato a spengersi.

Ma, come è stato più volte menzionato in questo libro "nulla si crea, nulla si distrugge, tutto si trasforma", quindi, alla fine del ciclo di vita del Sole, la sua energia avrà comunque generato altre forme di vita capaci di emanare altra energia e così via in una infinità di cicli.

L'universo resta un misterioso ed affascinante ammasso di galassie ed altre forme di materia invisibili o quasi dove anche la dimensione spazio-tempo va al di là della nostra immaginazione. Il concetto d'infinito, per quanto sia dimostrabile con la matematica, resta impossibile da comprendere se riferito allo spazio fisico a cui non siamo abituati a pensare. Per questo la scienza, costantemente alla ricerca di risposte, deve comunque ammettere anche l'esistenza di ciò che non riusciamo a capire e risolvere.

Ad oggi, tutte le ricerche nello spazio hanno solo ipotizzato la possibilità che nell'universo esistano altre forme di vita simili a quelle presenti sul nostro pianeta. Personalmente, considerando la quantità di galassie esistenti nell'universo, che pare siano più di 100 miliardi, penso che statisticamente sia verosimile.

Abbiamo la fortuna di esistere e di abitare questo splendido pianeta Terra, sicuramente il più bello ed anche l'unico dove è presente la vita tra tutti quelli scoperti. Come per tutte le cose dell'universo, anche qui, sulla Terra, dopo la nascita abbiamo la certezza che dovremo morire. Ma la nostra preziosa vita contribuirà nell'evoluzione della nostra specie e quindi dell'universo, niente andrà perduto o sarà stato inutile.

Noi stessi siamo il frutto di questa lunga evoluzione e, grazie alla nostra straordinaria intelligenza (la più sviluppata tra tutti gli esseri viventi della terra), siamo riusciti a creare un mondo anche tecnologicamente molto avanzato e quindi godere dei vantaggi che questa evoluzione ci offre nella vita di tutti i giorni. Tuttavia, non dobbiamo farci sopraffare da tutta questa tecnologia e, secondo me, al centro di tutto il nostro vivere, deve restare la necessità di perseguire soprattutto degli obiettivi fondamentali, basati su valori autentici, come la solidarietà, l'onestà, la libertà, il rispetto della natura e di tutte le forme di vita e, soprattutto, l'amore.

L'amore è una di quelle cose che trascende il tempo e lo spazio e che più di altre può permetterci di comprendere il concetto di infinito o di forme misteriose di energia così potenti da farci affrontare con coraggio e determinazione ogni ostacolo e di farci sentire più di tutto in connessione con l'universo.

Penso che vivere in connessione con l'universo significhi soprattutto essere in pace ed in sintonia con noi stessi; quindi, è fondamentale saper ascoltare la famosa vocina di cui parli e che si trova dentro di noi e che ci invia costantemente delle sensazioni che è fondamentale imparare a riconoscere anche quando i suoi segnali sono molto deboli e disturbati dalla frenesia quotidiana.

Da questi segnali, che ci provengono anche da tutto il mondo circostante, compreso quello animale e vegetale, possiamo intuire più facilmente le situazioni che ci circondano e trarre le idee migliori per appagare i nostri bisogni e risolvere tanti problemi.

Volenti o nolenti, nel bene o nel male, alla fine del nostro ciclo evolutivo di vita, lasceremo in eredità ai nostri figli ed alle generazioni future quello che avremo fatto o anche solo immaginato in questo mondo. Sarebbe bello vivere con la consapevolezza che tutta l'energia ricevuta durante la vita sia stata spesa bene e sia stata trasformata in una evoluzione positiva di cose e pensieri. Gli artisti ed i poeti sono un bell'esempio!

Certo che sbagliare è umano! Ma anche dagli errori si impara, l'importante è fare spesso un bilancio della nostra vita per capire se la direzione in cui stiamo andando è quella giusta e se è davvero quella che desideriamo. In questa analisi interiore dobbiamo imparare ad usare anche il perdono sia verso noi stessi che nei confronti di coloro che ci circondano; se avremo capito gli errori ed individuato le azioni da intraprendere, il perdono ci aiuterà a stare in pace con noi stessi e con il mondo che ci circonda. Tante persone in pace con sé stesse non faranno la guerra agli altri!

Questa è la mia idea, molto laica, con la quale cerco ogni giorno di dare un senso positivo alla mia vita.

Sono aperto alle idee altrui e, pronto ad assorbire ogni forma di energia positiva utile ad allargare i miei orizzonti e a farmi vivere il più serenamente possibile.

I figli sono per me la cosa più importante che esiste al mondo e, per questo, vorrei lasciare il meglio di me stesso e soprattutto dei valori universali in cui credere a prescindere da ogni idea politica o religiosa.

Michele

15 ALESSANDRO
La mente aperta all'essere

Ho letto con grande interesse e curiosità il libro di Paolo. Queste pagine ci pongono difronte alle domande esistenziali quanto essenziali utili per il nostro benessere, per la nostra vita. Un libro che a mio avviso ci spinge nel cercare di dare risposta al vero significato della nostra vita, alle vicende e vicissitudini del nostro vivere quotidiano. Ci invita a riflettere e a dare risposta sui: Perché?! Se ci pensiamo bene sono i bambini a chiedere i perché e a volte mettendo noi adulti in imbarazzo o disagio. È anche una domanda che contraddistingue i grandi scienziati e ricercatori, che non si fermano alla superficie e non si accontentano di accettare quello che è opinione comune ma che vogliono indagare a fondo, comprendere l'essenza. Il chiedersi il perché è segno di intelligenza e nello stesso tempo è cercare di comprendere e sentire come rapportarsi con noi stessi e con l'ambiente che ci circonda.

Pertanto, perché avvengono certe cose, perché viviamo, perché dovrebbe avere un senso la nostra vita, perché siamo su questa terra, perché amiamo, perché soffriamo, perché ci comportiamo, scegliamo, agiamo in determinati modi?

105

"L'albero che sta fuori dalla nostra finestra è di fatto un nostro parente"

Il chiedersi il perché è un bisogno che arriva dalla nostra razionalità ma serve anche per comprendere e gestire le emozioni.

Questo avviene nel tentativo di dare una risposta al sentire più profondo, spesse volte senza avere le parole giuste per descrivere quel sentire. Eppure, dentro, il nostro inconscio avverte qualche cosa, questo avviene ancora prima della presa di conoscenza, illuminata dalla nostra razionalità, della nostra mente.

La mia formazione scientifica mi porta ad approcciarmi con metodo e in modo oggettivo alle questioni. Questo libro di Paolo pone delle questioni che sono reali nei loro effetti. Gli scienziati e ricercatori come Albert Einstein sono quelli che studiando il fenomeno hanno compreso l'esistenza di un qualche cosa di meravigliosamente grande. Nei miei studi di anatomia, di biochimica e di fisiologia umana e successivamente affrontando la parte di neuro-fisiologia, osservando e studiando il corpo umano, così come tutti gli organismi viventi, non posso che rimanere sorpreso, meravigliato, innamorato di quanta bellezza, intelligenza, armonia ci sia dietro l'evoluzione.

L'effetto che hanno su di me questi studi e conoscenze è quello che prendo consapevolezza che più studi nel profondo e più ti rendi conto che siamo degli autentici miracoli. Quello che vi dico va oltre il concetto di identificare un Dio a dimensione e somiglianza d'uomo, o come disse Einstein a dimensione personale, che secondo lo scienziato sarebbe la causa dei conflitti.

Difficile pensare che sia solo la casualità dietro tanta perfezione e sincronia. È chiaro che, per dare una risposta al libro di Paolo si pone il problema di quale lente usiamo per analizzare la realtà. Paolo ha portato l'esempio della Terra piatta. Allora era un punto di vista più che legittimo come quando fino a qualche centinaio di anni fa si pensava che il Sole ruotasse intorno alla terra e non ci si spiegava cosa provocasse il calore. Oppure, ancora, come sembrava fantascienza pensare che si potesse comunicare alla velocità della luce dall'altra parte del mondo o nello spazio ... o ancora poter trasformare l'energia solare in ghiaccio.

Poi cambiando o usando nuove "lenti" di analisi, senza porci dei limiti, abbiamo scoperto i raggi infrarossi, i raggi X, l'elettricità, che la Terra è tonda ed esiste una gravità. Come disse Neil Armstrong, una delle rivoluzioni più importanti che le missioni nello spazio hanno portato è che abbiamo visto la Terra da un punto di vista nuovo. Malgrado la presunzione di alcuni Uomini e le follie di onnipotenza e dominio, noi abbiamo preso consapevolezza di essere un minuscolo puntino di polvere nel Mare dell'Universo.

La Terra vista dallo spazio non ha confini e l'atmosfera è un sottile e fragile pellicola che la riveste. Forse abbiamo ancora una volta una visione limitata, dobbiamo usare o trovare nuove lenti di indagine. Forse dobbiamo ancora raggiungere la vera intelligenza e visione che con tanto orgoglio ci autoproclamiamo di avere. Forse basterebbe osservare la natura che ci circonda per avere delle risposte. Forse basterebbe sapersi ascoltare un po' di più, prendersi del tempo per ricollegarci al nostro essere profondo invece di continuare in una folle corsa che porta a comportarci come dei criceti in laboratorio.

Il concetto di vita contestualizzato nell'arco di tempo della nostra breve vita non ci può dare una visione d'insieme, farci comprendere naturalmente un disegno più grande.

Usare l'espressione di "disegno" è una ammissione che ci sia una intelligenza dietro tutto questo. Ma ripeto andiamo oltre il concetto di un Dio a dimensione d'Uomo, intendo che quella intelligenza è divina ma è dentro di noi. Un disegno e intelligenza, a mio avviso così straordinari che vanno ricercati nell'infinitesimamente piccolo, in una struttura che è un autentico miracolo, che secondo me è la più intelligente che esiste: Il DNA!.

Non ho detto il nostro DNA ma il DNA …Perché? Perché il DNA non è nostra peculiarità di esseri umani, perché usa un linguaggio universale che tutti gli esseri viventi comprendono, animali, pesci e piante! Grazie al DNA gli esseri viventi si evolvono, trasmettendo nel tempo le informazioni. IL DNA interagisce con l'ambiente, memorizza le esperienze per modificare la propria evoluzione. E allora sono proprio gli scienziati che oggi ci dicono che noi siamo cugini delle scimmie, ma anche dei pesci, delle piante, degli alberi e dei batteri. Si avete capito l'albero che sta fuori dalla nostra finestra o vicino a noi è di fatto un nostro parente. Pertanto, questo ci dovrebbe far riflettere sulla responsabilità del fatto che siamo collegati con l'ambente circostante e che tutto ha un suo equilibrio nell'ecosistema della Terra. Anzi sembra proprio che la Terra sia un grande essere vivente, che respira, che ha i suoi movimenti e la sua evoluzione. Dunque, noi? Noi ne facciamo parte, una piccola catena di quello organismo. Anche noi all' interno del nostro organismo abbiamo altri esseri viventi che ci aiutano a vivere.

Miliardi di anni di informazioni archiviate, memorizzate, esperienze che hanno sviluppato sistemi e strutture adeguate a difendersi, proteggersi, sopravvivere anche in condizioni estreme. Pertanto, è indubbio che il nostro corpo con il sistema nervoso è intelligente e in questa intelligenza dobbiamo portare grande attenzione all'inconscio. Un inconscio che riconosce, conosce e sa esattamente cosa fare in certe condizioni o stimoli.

Dobbiamo assolutamente saperlo ascoltare. Ha funzionato per milioni di anni e funziona bene anche oggi, è funzionale alla vita. Quello che va detto è che oggi, l'Uomo sociale, nella sua evoluzione è sottoposto a una serie di stimoli impensabili solo se comparati a cento anni fa. Negli ultimi 100 anni stiamo ricevendo più stimoli che nei precedenti 2000 anni di storia, tutto è più veloce, tutto è più articolato e meno naturale. In questo contesto spesse volte sovra sollecitiamo il nostro organismo e a volte le risposte non sono più funzionali agli obiettivi. Questo dal mio punto di vista conferma la necessità che oggi ci sia ancora di più o, meglio, venga recuperata quella sintonia tra corpo e mente.

L'organo cervello nella nostra specie è quello che ha avuto un enorme evoluzione ed è quello che dovrebbe contraddistinguerci dagli altri animali. Siamo così orgogliosi di questo che ci autoproclamiamo i più consapevoli e intelligenti degli esseri viventi. A mio parere siamo in completo errore, almeno per ora. Almeno fino a quando non avremo l'illuminazione di analizzarci con altre lenti e di imparare ad ascoltarci e risintonizzarci alla natura.

Paolo lo sa bene che le scelte delle persone hanno a che fare con le emozioni. Le emozioni sono fondamentali e lo sono state per la nostra sopravvivenza nel passato e lo saranno anche nel futuro. Le emozioni sono delle nostre alleate. Quello che spesso siamo tenuti a pensare è che le emozioni non abbiano nulla a che vedere con la razionalità. Sono invece proprio le neuroscienze che ci dicono che le emozioni hanno una forte componente razionale perché danno al nostro organismo un continuo feedback e ci danno quelle informazioni utili per modificare i nostri comportamenti, pensieri e azioni. A volte è una questione di vita o di morte. Il nostro corpo con la sua intelligenza, insieme alle emozioni e all'inconscio sono degli alleati, ci danno una risposta veloce e immediata che il più delle volte è funzionale ed efficace, utile. Oggi a mio avviso, proprio con le conoscenze scientifiche che abbiamo, seppur ancora parziali, dobbiamo recuperare questa saggezza, questa auto-consapevolezza, questo rapporto equilibrato tra mente e corpo. Questo è fondamentale perché influisce sui nostri rapporti con gli altri e con l'ambiente. Ad esempio, con le nostre emozioni si è visto che abbiamo la possibilità di contagiare chi ci sta intorno.

Le nostre parole hanno un potere, un peso, il nostro sguardo parla, i nostri comportamenti e azioni ci dicono chi siamo. Abbiamo una grande straordinaria responsabilità quanto opportunità per il futuro della nostra società e dipende da quanti "perché" saremo capaci di porci, mettendo in dubbio l'opinione comune e avendo il coraggio di analizzare anche le nostre convinzioni. Come ci dicono i ricercatori la scienza ha bisogno del libero pensiero, del libero scambio di idee. Per questo ringrazio Paolo per aver scritto questo libro, per aver creato questa opportunità evolutiva che dal mio punto di vista è molto in linea nello stile scientifico e, nello stesso tempo, è stato delicato e rispettoso, un vero caldo abbraccio nell'anima.

Alessandro

16 CHIARA
La via Buddista

Ciao a tutti, vorrei parlarvi della ricerca dell'equilibrio o, meglio, prometto di provarci con la massima chiarezza e sincerità e nel massimo rispetto dell'arcobaleno di opinioni che esistono in merito. Facciamo un passo indietro. Mi chiamo Chiara ho 28 anni e ho avuto un'adolescenza piuttosto travagliata. Già da giovanissima mi facevo un sacco di domande ed avevo una profondità che sembrava non allinearsi con la spensieratezza dei miei coetanei così iniziai presto a reprimere tutto, più che potevo. Col tempo avevo bisogno di essere sempre più fatta e sempre più ubriaca per inebriarmi di quella spensieratezza tanto bramata. Alla fine, niente riuscì più a silenziarmi e caddi in depressione in preda a questa valanga di pensieri che non sapevo gestire. Nessuno sembrava capirmi, io non mi capivo. Poi un giorno accadde qualcosa di inaspettato. Ero in libreria per comprare un libro sul buddismo, ero un po' perplessa e confusa davanti a quello scaffale, c'erano una marea di libri su tantissime correnti di buddismo. Non sapevo cosa scegliere.

115

"La consapevolezza di essere un essere eterno, una goccia del mare e in contemporanea il mare stesso"

Ad un tratto il suono della campanella che avvisa l'ingresso di qualcuno alla porta mi catturò. Alzai lo sguardo e vidi un ragazzo avvolto da una luce e da un'energia magnetica.

Lui si avvicinò e sembrò sussurrarmi qualcosa così io mi girai e gli dissi: "scusa mi hai detto qualcosa?" Lui mi rispose di no e che era al telefono. Poco dopo continuò dicendomi: "visto che stai guardando questo scaffale ti consiglio questo libro, piacere io sono Mohamed e sono Buddista. Se ti va di partecipare ad uno dei nostri incontri chiamami, questo è il mio numero". Ecco questo è stato per me IL GIORNO, quel giorno in cui tutto ha iniziato a cambiare. Potrei raccontarvi davvero tantissime cose che ho vissuto dal superare le mie dipendenze, dal superamento della bulimia, dalla trasformazione del rapporto con la mia famiglia oppure dall'aver trovato un amore sano. Vi racconterò, però, un'altra storia: la più importante! Come ho trovato me stessa! Il buddismo di Nichiren Daishonin (una corrente giapponese) crede che ognuno di noi sia una divinità. So che può sembrare un po' arrogante o egocentrico ma è tutt'altro che questo. Ognuno di noi può far emergere la versione più maestosa e nobile di sé attraverso la recitazione del mantra: nam-myoho-renge-kyo. Questo mantra ci risveglia alla nostra vera natura (Budda significa proprio "il risvegliato"), riusciamo così vivere insieme agli altri circondati da felicità, serenità, vero io e purezza, creando valore in questa vita e dando origine a dialoghi costruttivi per la risoluzione delle grandi questioni di questa epoca. E lo si fa stando nei problemi quotidiani della vita e vivendo appieno ogni esperienza umana. Questo mantra mi ha curato come una medicina e mi ha eretto maestosa come una quercia. Si, è proprio così che agisce giorno per giorno in modo quasi invisibile, proprio come la crescita di un albero. Se uno andasse per cinque giorni di fila a vedere un piccolo alberello crescere, sono certa che non si accorgerebbe del cambiamento e magari potrebbe finire per credere che quell'albero non ha il giusto nutrimento. Ma ciò sarebbe davvero un peccato. Dopo qualche anno, infatti il suo cambiamento sarà lampante. Allo stesso modo questa pratica agisce su di me, ogni giorno sento di avvicinarmi ad una versione sempre più autentica di me. La morte non mi spaventa, vivere non mi spaventa. L'altro non mi spaventa, per quanto burbero e mal disposto possa essere, riesco sempre a scorgere quel seme di Buddità che è in lui, che è dentro tutti e che mi auguro un giorno possa coltivare. Credo profondamente che Hitler avesse lo stesso potenziale di splendere come Gandhi così come Gandhi avesse lo stesso potenziale di precipitare nell'oblio della sofferenza e arroganza come Hitler. E quindi dove sta la differenza?

Un vecchio proverbio dice che in ognuno di noi esiste un lupo bianco e luminoso e un lupo nero e oscuro. Sta a noi decidere a quale dei due dare da mangiare.

Tutto molto bello ma ancora non vi ho parlato dell'equilibrio. Adesso ci arrivo: amo questa parola: equilibrio, trovo in essa l'essenza della giustizia. Per me vivere in modo equilibrato vuol dire rimanere fortemente ancorata ai piaceri e i desideri terreni, buttarmi nel mondo, vivere e dialogare, tutto con la consapevolezza di essere un essere eterno, una goccia del mare e in contemporanea il mare stesso. Gli esseri umani sono una cosa sola e possono vivere davvero felici solo cooperando armoniosamente tra di loro.

Per cui, in ultima analisi la realizzazione assoluta della popolazione umana è la mia realizzazione assoluta. E la realizzazione della pace mondiale sarà l'ottenimento della mia più profonda e assoluta pace interiore.

17 FRANCO
Giornalista per passione

La morte l'ho conosciuta prima da cronista e poi negli affetti più cari quando, nel giro di un anno, sono morti i miei genitori. Con mia madre ero lì quando è successo e l'ho vista andarsene mentre le tenevo la mano. Con mio padre invece non ce l'ho fatta a essere presente e per qualche tempo l'ho rimpianto. Cosa succede dopo, ai miei, a me e a tutti gli altri, non riesco a concepirlo: buio e notte, non sono capace di immaginare altro. Mi piacciono le religioni che parlano di reincarnazione perché, se l'energia si trasforma, non vedo perché la nostra non potrebbe finire in altri esseri viventi. L'individuo, quello no, polvere era e polvere ritornerà.

"L'energia si trasforma, l'individuo no"

TERZA PARTE: LA COMUNITA'

18 LA NOSTRA COMUNITA'

Siamo arrivati all'inizio!!!

Siamo pronti in maniera "libera" a far volare il nostro istinto, a raccogliere tutti i vostri pensieri per cercare di avvicinaci alla verità.

Nella prima parte abbiamo messo dei paletti per ragionare liberamente evitando le congetture che il mondo del "campanilismo" ci pone: c'è sempre qualcuno che ha una verità diversa dall'altro.

Nella seconda parte ho provato a "buttare giù d'istinto la mia idea" ma soprattutto ho chiesto a degli amici di esprimere la loro e, leggendo i loro pensieri, si è creato un meraviglioso scambio di idee con tante lenti diverse, come dice Alessandro.

Questo è il mio obiettivo creare uno scambio di idee in cui ognuno di noi possa crescere ed evolversi fino a raggiungere il proprio stato di equilibrio, come dice Chiara.

Nella terza parte lascio a voi la parola.

Ho creato un gruppo FB in cui tutti voi, che incontrerete questo libro, possiate esprimere la vostra idea libera.

Gruppo FB: "Il segreto dell'Essere"

https://www.facebook.com/groups/1997676523922716

Una volta terminato il libro, potrete accedere al gruppo e chiedere di essere ammessi.

INFORMAZIONI SULL'AUTORE

Sono Paolo Laratta nella vita mi occupo di marketing presso una multinazionale italiana nel settore del piccolo elettrodomestico. Nel 2016 sono diventato istruttore di apnea della scuola di Apnea Academy di Umberto Pelizzari. Non sono uno scrittore professionista, scrivo per il bisogno di scrivere quando ho qualcosa che ha voglia di essere ritratta in delle pagine di un libro. Oltre a questo scritto ho pubblicato nel 2000 "Le tre chiavi della mia vita. Diario di una passione calcistica" edito da Oppure.